AF286263

Theodor Peter Kohpeiss und die Malerin GK

MännerReime
36 recht „unsaubere" Gedichte

1.Auflage 2012
Text: Copy Right © 2012 alle Rechte by Theodor Peter Kohpeiss
alle Bilder: Copy Right © 2012 alle Rechte by Gabriele Anita Kohpeiss
beide Prenzlau
Titel Bild: Gabriele Anita Kohpeiss

Printed in Germany
ISBN: 978 384 481 803 1
Herstellung und Verlag: Books on Demand GmbH, Norderstedt

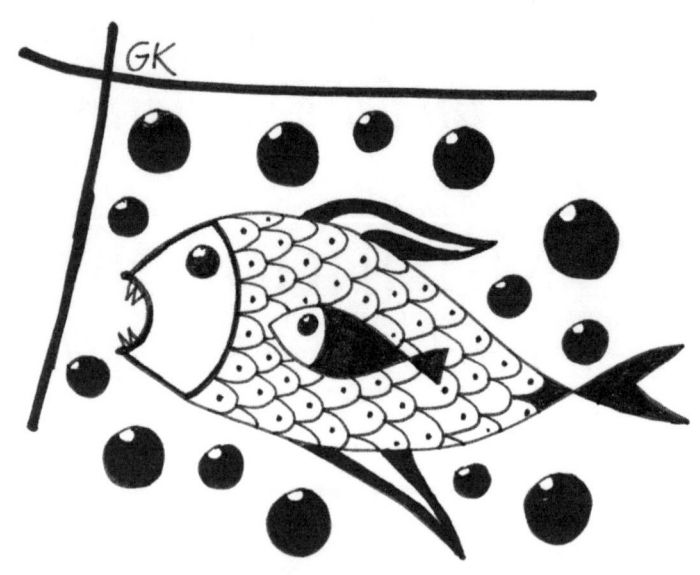

Albtraum

So tief ich hab geträumt heut Nacht,
die ganze Nacht; die lange Nacht.

    Als schweißgebadet ich erwach,
    der nackte Albtraum vor mir stand:
    noch schlafenstrunken, wie gebannt,
    starr ich auf ihre zarte Hand.
    Zuerst, die wandert durchs Gesicht;
    ich denke noch, die meint mich nicht.

So tief ich hab geträumt heut Nacht,
die ganze Nacht; die lange Nacht.

    Ihr zungenfeuchter Finger richt,
    sich auf ihren prallen Busen,
    umkreist den Hof: Brüste schmusen;
    vertreibt restlos meine Flusen!

    Und eh ich habe nachgedacht,
    fühl ich an mir: er steigt mit Macht:
    weil sie es sich jetzt selber macht.

Als endlich auch ich richt mich auf,
ganz schnell ich komme dann darauf:
den Fernseher nicht ausgemacht;
der lief heut Nacht, die ganze Nacht.

Ansichten

Es sprach die Ehefrau, sie hätt die Nacht,
ganz schrecklich die, mit ihrem Mann verbracht:
das Abendbrot fix aufgegessen,
er sich auf sie gestürzet, wie besessen,
unbefriedigt blieb sie dann liegen;
er seinen Schlaf, schnell musste kriegen.

    Die Junge sprach, wie wunderschön,
    es diese Nacht ihr tat ergehn:
    als sie zu ihrem Freunde kam:
    sie zärtlich in die Arme nahm.
    Er führt aus sie, groß zum Essen,
    eine genussvoll Stunde wanderten
    sie unter einem traumhaft Himmelszelt.
    Zu Haus - 1000 Kerzen er entzündet;
    eine Stunde sein Vorspiel sie hat genossen;
    eine Stunde lang, er sich zurückgehalten-
    um danach noch eine Stunde lang
    gefühlvoll nur mit ihr zu reden.
    Nie diese Nacht sie würd vergessen.

Über diese gleichen Nächte,
deren beide Männer sprachen.

    Es schwärmt zuerst der Ehemann:
    mit seiner Frau, wär glücklich dran.
    Sie wär auf seinen Sex noch so versessen,
    dass wirklich schnell sie hätten aufgegessen;
    ins Bett gestürzt, sie wären dann.

Sein kurz Bemühn, kam bei ihr an:
weil wortlos
beide in den Schlaf versanken.

Entsetzt dagegen war sein Freund:
als seine Freundin zu ihm kam,
er musste ausführn sie zum Essen.
Strom nicht bezahlt, er hätts vergessen.
Beim schweineteuren Ital`ener,
sein komplettes Geld ging bei dem drauf -
fürs Taxi nichts mehr hätt besessen.
Eine verdammte umsonst Stunde -
sie wollte zu ihm noch unbedingt -
mussten in seine Bude laufen.
Aus Not er zwei Kerzen angezündet,
und vor Frust er hat keinen hochgekriegt.
Ne Stunde er an ihr gefummelt,
und plötzlich, dann stand er endlich doch.
Frust am schnellen Kommen ihn gehindert.
Eine beschissene weitere Stunde
hätt er sich auf ihr abgemüht
bis seinen Orgasmus er hingekriegt.
Doch nun war er so aufgedreht,
dass er nicht mehr konnte schlafen.
So hat er noch ne Stunde sich versaut,
durch das fade
mit ihr Herumgequatsche;
er seinen Frust
hätt doch noch abgebaut.

5

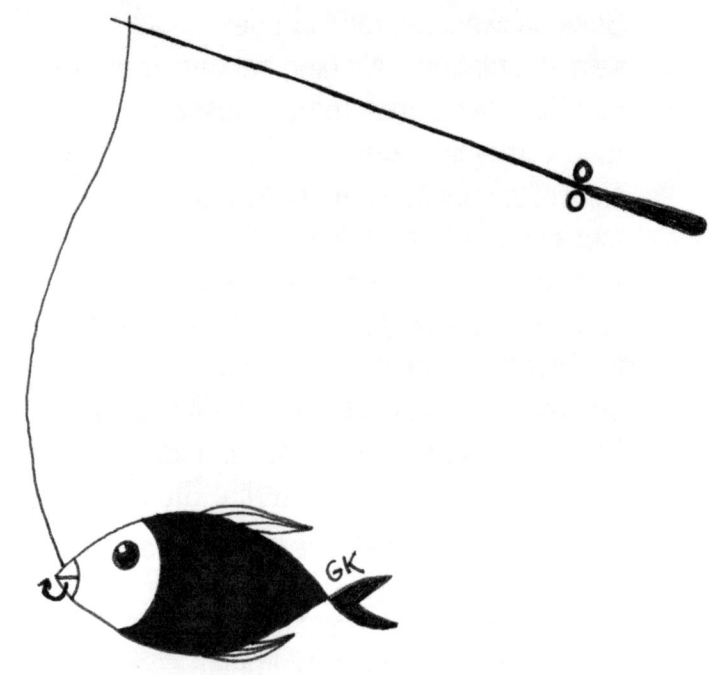

Belehrung

Ein Lehrer spricht im Unterricht,
seine Schüler sehr belehrend,
Vorsilbe „un" zwar nicht verheerend,
doch deute sie auf Schlechtes hin.

Er bringt als Beispiel das „Unbill".

Jetzt ein Beispiel, die solln sagen:
Antworten prasseln ihm entgegen -
wie „Unwetter" und „Unartig",
auch „Unsauber, das „Unmöglich",
das „Unwahr" und noch viele mehr.

Zum Schluss der Klassenclown ihm
spricht:
„Hier hinein gehöre dann auch,
das schlechte Wort „Unterricht".

Biologie Unterricht

Fragend die junge Lehrerin schaut:
„welche Blume unser Gott gebaut"?
„Das Vergissmeinnicht" gerufen wird,
von Karl, der auch sonst viel Wissen birgt.
     Ihre lobend Antwort lässt sich sehn:
     „Mein lieber Karl,
     das war schön, schön, schön"!

Lässt „Edelweißchen" Ruth erschallen.
Der Lehrerin scheint's zu gefallen;
     Ihre lobend Antwort lässt sich sehn:
     „Du liebe Ruth, das war - schön, schön, schön"!

"Heckenröschen" wird vorgeschlagen,
vom ansonsten vorlauten Hagen.
     Lehrer lobend Antwort lässt sich sehn:
     „Lieber Hagen, das war - schön, schön, schön"!

Fritz steht auf –
sich Lehrer wundert sehr:
Prompt ertönet sein: „Geschlechtsverkehr"!
     Lehrerin geht mit ihm ins Gericht:
     „Du Fritz, das ist keine Blume nicht"!

Doch voll Staunen hört sie das Gedröhn -
die Klasse ruft: „aber schön, schön, schön"!

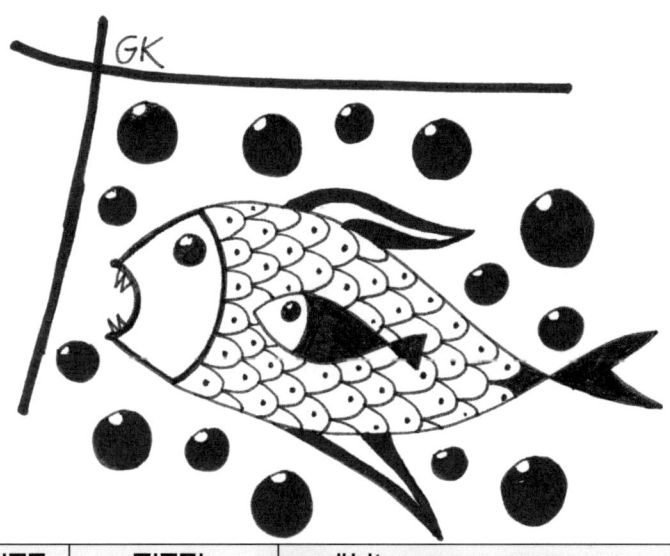

Fabel

Einen Wurm besah ein Hahn.
Angestrengt er dachte nach:
„nehme ich jetzt gleich dich ran,
oder wart ich, mit Gemach".

> Hinterm Hahn, lag auf der Lauer,
> ein Fuchs, der wirklich hungrig war:
> „wart ich noch `ne kurze Dauer,
> der Hahn mit Wurm, wär fetter ja".

Überm Fuchs und überm Bach,
nicht so hoch auf einem Ast,
sich ein Bär die Lippen leckt.
„wart noch hier ich ohne Hast,
bis Fuchs den Hunger hat gedeckt"?

> Der Ast jedoch der brach,
> der hungrig Bär, der fiel,
> hinunter in den Bach.

Eine Lehre daraus wär:
„je länger das Vorspiel, desto nasser der Bär."

Fauna

Was tut uns kund -
dein Lippenrot geschminkter Mund?
Weißt du, woher
der sibirisch Tiger kummt?
Gedanken: schnell wie Furien:
dies kann nur sein: Sibirien.

Was tut uns kund -
dein Lippenrot geschminkter Mund?
Und der Indisch Tiger kummt?
Es tobt in allen Ganglien:
der kommt ganz klar: aus Indien.

Was tut uns kund -
dein Lippenrot geschminkter Mund?
Afrikanisch Löwe kummt?
Hier die Antwort völlig klar:
es kann nur sein: aus Afrika.

Was tut uns kund -
dein Lippenrot geschminkter Mund?
Das Rotschwänzchen - das kummt?
Ganz klar:
aus deinem Lippenrot
geschminkten Mund.

Flöhe

Klitzekleine springend Flöhe,
lebten auf nem Wuschelkopf.
Turnten nicht nur in die Höhe,
stählten Muskeln, auch am Zopf.

> Jugendliche Menschenflöh,
> mussten dann auf Wanderschaft.
> Weils nicht ging mehr in die Höh:
> nach unten ham sich aufgemacht.
> Fanden schnell ein neu Milieu,
> als sie`s Achselhaar begafft.

Hier sie bauten ihre Nissen,
setzten Flöhe in die Welt.
Bis dann hier das Band gerissen,
das auch Flöhe zusammenhält.

> So muss auch hier die Jugend gehen,
> sich ein neues Haarfeld suchen.
> Als sie die nackte Brust gesehen,
> fingen an sie, grob zu fluchen.

Als dann auch noch, nackt der Bauch,
packte kaltes Grausen sie,
übrig blieb der Po, oder auch
wo vorne macht der Mensch Pipi.

Hinten jedoch warn schon Hummeln,
vorne bereits die Filzlaus lebte,
sie im Beinhaar
konnten sich nicht tummeln.
Alles zurück nach oben strebte.

Doch von dort kam ihn entgegen,
die da unten suchten neues Land
alle liefen sich die Füßchen wund
lange vor der Völkerwanderung.

Frauensuche

Meintest du nicht mich,
als dein Blick mich traf?
Wolltest du mich nicht?
War ich das schwarze Schaf?

    Warum geht es so jedes Mal,
    wenn ich in der Wildbahn suche.
    Warum bin Jeder ich egal;
    nur Verlust, schlägt bei mir zu Buche.

Was voraus hat mir der Andere;
womit der sich schmückt zum Sieg?
Gleich zu welcher Zeit ich wandre,
immer nur den letzten Platz ich krieg.

    Dabei sprech ich doch normal:
    mein leichtes Lispeln, hört man nicht.
    Dass ich schiele ist egal,
    die Spiegelbrille wirft zurück das Licht.

Auch dass ich hinke, kannst vergessen,
der linke Schuh, der gleicht das aus.
Die 12 Haare kämm ich wie besessen,
mein Ziegenbart kommt ganz groß raus.

Und der lenkt ab von meinen Zähnen;
die meisten sind ja nicht mehr da.
Und dass meine Augen tränen,
zeugt doch vom tief Gefühl,
wie wunderbar.

     Auch dusch ich jede Woche,
     behalt die Unterhose ich dabei an.
     Mein Wollpullover monatlich ist dran.
     Nie mir je gesagt, ich hätt geroche.
     Das was ich trage, trag ich mit Stil.

     Vor allem den, den in der Hose,
     denn das ist ja, was Frau will sehn.
     Drum kratz ich dauernd an der Chose,
     auch das die Flöhe mögen gehn.

Nach Rettung Dr. Sommer ich befragt:
wo das Problem wohl bei mir liege?
Der endlich mir die Lösung hat gesagt:
ich soll sehen,
dass `ne passend Frau ich kriege.

Festgespräch

Es war auch zum Fest geladen,
ein Mann mit einem dicken Bauch.
Er umher ging zum Parlieren,
traf so Menschen oder Gruppen
und manchmal Individuen.

      Zu ihm `nen Vegetarier sprach;
      „Dein Bauch ist wirklich viel zu fett".

Die Antwort drauf: „Dies ist kein Bauch;
das kommt vielleicht Dir nur so vor.
Hör Du auf mit dem Gejammer:
dies ist nämlich mein Kompressor,
für da unten, meinen Hammer".

Frauen

Wenn ich die Frau`n mir so beseh,
sag ich, dass ich es nicht versteh`,
dass alle scheinen nur zu leben,
sich einem Manne hinzugeben.

Wenn es erreicht, das große Ziel,
wird`s ihnen nimmermehr zu viel,
Anderen ihn dann herzuzeigen,
um zu sagen: ist mein Eigen.

Hierin die Frauen sind sich gleich,
egal ob hässlich oder reich,
ob sie klein sind, vielleicht nur schön,
müssen sich als Konkurrenten sehn.

Freundinnen

Miteinander sprachen,
Freundinnen im Cafe.
Limo trank die Eine,
und hört der Anderen zu:

> „Dir, zwei Komplimente
> hab ich mir überlegt.
> Eines ist ein Großes,
> das Andere ganz klein.

Das große Kompliment –
> allein gilt deinem Po.
Das kleinste Kompliment –
> geht an deinen Busen".

Fetisch

Wie freute er sich auf diesen Abend,
vielleicht sie wartete ja schon auf ihn,
falls nicht, er jederzeit konnt zu ihr hin,
schon dies Gefühl, für ihn erhabend.

    Froh tritt er hinein in dieses Zimmer,
    dass er so, nur für sie hat eingericht,
    heut soll es genau so sein wie immer,
    weil Variationen - die mag er nicht.

Er mag nur diese ganz spezielle Lust,
und wenn der Ablauf immer gleich -
gespanntes Wissen zieht durch seine Brust,
elastisch ihre Haut sich spannt, so weich.

    Wie ein Frauenheld:
    so er kommt sich vor,
    als voller Liebe
    er zum Schrank sie trägt,
    immer neu er sich ihren Duft einprägt,
    ihr quietschend Gummi
    klingt ihm nach im Ohr.

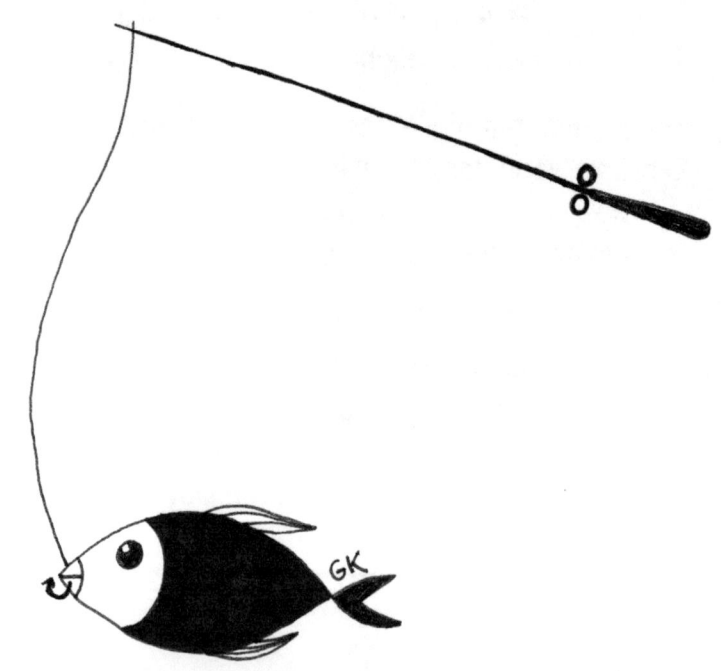

SEITE	TITEL	erzählt von:
21	G-Punkt	Glück und Seligkeit

G-Punkt

Lass in dieser Nacht uns leben
Lass uns nach den Sternen greifen
Lass uns nie Geahntes geben
unvergänglich Spuren schleifen

    Himmel wollen wir besetzen
    Die Welt gehört uns sowieso
    Wern zu Höhepunkten hetzen
    Uns singt das Dulci Jubilo.

Wir werden uns entführen
in die Glückseligkeit
Jeder von uns soll es spüren
die Liebe macht auch Herzen weit

    Vergiss den Schmetterling im Bauch
    Heerscharen davon sich tummeln
    Himmel hängt nicht nur voll Geigen
    das Weltorchester hier aufspielt
    Engel tanzen ihren Reigen

Ertönt das Morgengrummeln
überhören wir das auch
Solange bis wir erzielt
das Zentrum unsrer Liebe

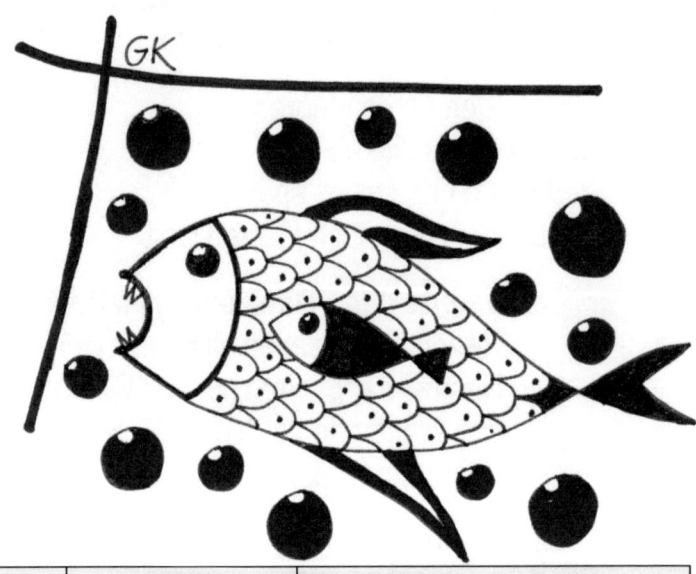

Hand

Der Spiegel spricht zu dir ganz klar,
die ordnend Hand, die braucht dein Haar.

Ganz gleich ob Schminke
oder Bart rasieren,
durch deine Hand wird es passieren:
ob du dich kleidest für Arbeit oder Ball,
deine Hand, die brauchst du überall.

Ob zum Begreifen,
oder Abschied winken,
ob zum Essen oder Trinken,
zum Tränen wischen, Sport betreiben,
zum Schwimmen, baden, jucken, reiben.

Ohne deine Hand, es muss verbleiben.

Deine Hand, die Richtung zeigt.
Deine Hand, die zählt das Geld.
Deine Hand, befiehlt dem Kellner,
Deine Hand, die Kriege führt.

Du deine Hand zeigst immer ohne Scham.
DRAUSSEN niemand Anstoß nimmt daran:
nur hier:
fass dich nie dort unten an.

Haufen

Nen Haufen gab es, wunderschön,
lag einfach in der Landschaft rum.
Vorüber achtlos Menschen gehn,
meist sie kümmern sich nicht darum.

> So: sie sehen nicht das Leben,
> dass hier um diesen Haufen tobt.
> Hören auch nicht das Gebrumm,
> vom Gefliege, nur dort es schwebt.

Dieser Haufen ist bester Platz:
für viele Eierstockersatz,
zur Kugel rollet es nur einer,
Wurm verteilt es immer feiner.
Für andere ist es halt nur fressen,
so sie das Leben nicht vergessen.

> Wenn Mensch reintritt, murrt er leise:
> „immer diese Hundescheiße".

Heringsfass

Ein Heringsfass es stand,
recht nahe an der Wand.
Gefüllt war es mit Heringen,
die konnten sich nicht umbringen,
denn schon seit Morgenrot:
die warn schon alle tot.

> Das Heringsfass es stand,
> drin, in einem Laden.
> Gefüllt war es mit Männern- Tier,
> doch auch viel Weiber lagern hier.
> Kunden hier solln kaufen,
> nicht zum Nächsten laufen.

Ins Heringsfass schaut rein,
ein Käufer und fragt nach:
„Ich hätte gern nen Heringsmann,
ich weiß nur nicht – wie komm ich ran"?

> Verkäufer spricht - wird dabei rot:
> „aus dem Obstangebot,
> `ne Pflaume nimm von dort -
> zurück zum Heringshort -
> mach langsam drüber einen Strich:
> nur Männerschwänze zeigen sich".

Hochzeitsnacht

Die Hochzeitsnacht wirft Fragen auf,
auf die die Braut ne Antwort braucht.

> Vielleicht käm ihre Mutter drauf,
> doch weil auch die
> steht auf dem Schlauch:
> Braut zur Tante wird gebeten.

Die dann sagt ihr ganz betreten:
„Du müsstest zu der Oma geh`n,
die wisse, was muss Braut anziehn,
auf dass ihr Mann nicht würde fliehn".

> Die Oma ließ sie nicht allein:
> „Anziehen brauchst du nur die Bein".

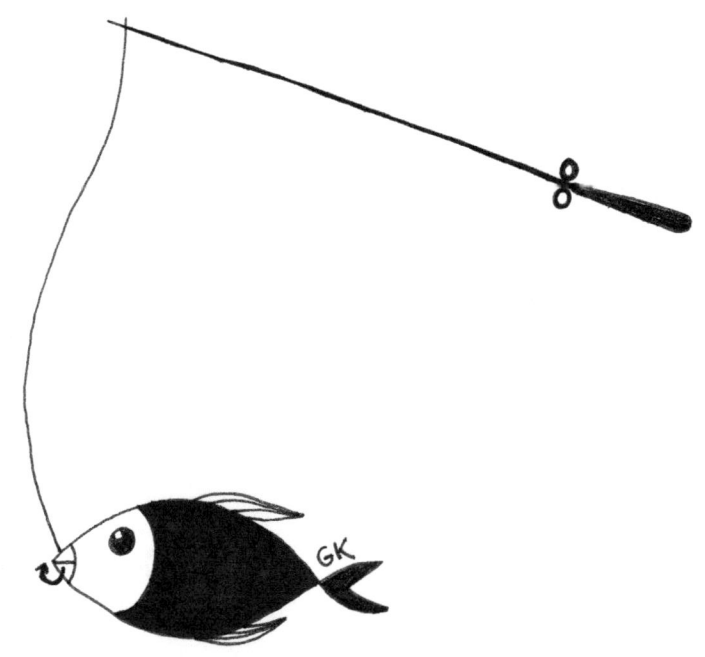

SEITE	TITEL	erzählt von:
28	Jäger	Frauen Phantasien

Jäger

Männer, wenn sie auf der Jagd,
legen Frauen gerne um.
Auch im Stehen, ohne Frag,
ob wertvoll die, ob klug, ob dumm.

Männer, wenn sie auf der Jagd,
die Waffe stets sie tragen.
Futterale man bei sich hat,
so können sie es wagen.

Männer, wenn sie auf der Jagd,
haben tausend Schuss im Rohr.
„Frauen sich noch nie beklagt"
klingt es im Halali- Chor.

Männer, wenn sie auf der Jagd,
ham vor Schiss die Hose voll.
Sie sich nur hervor gewagt:
wenn Frau bestimmt: Du bist toll.

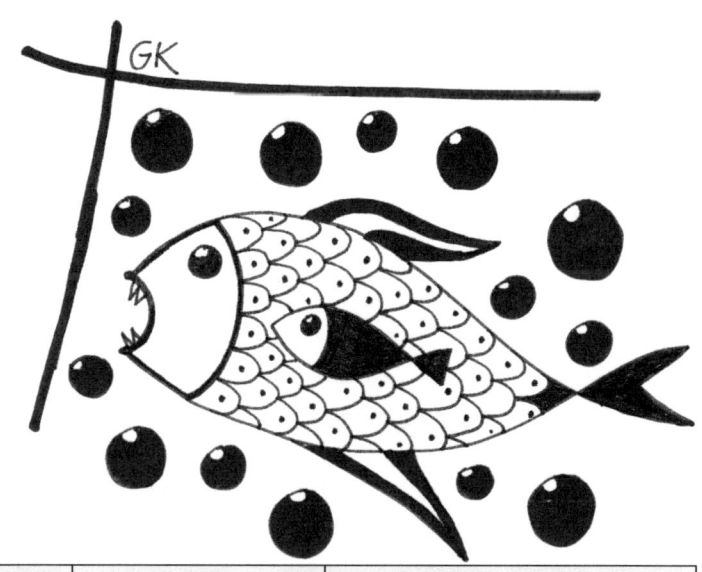

SEITE	TITEL	erzählt von:
30+31	Karneval	saufen und Ignoranz
32	1960	BRD+DDR

Karneval

In Prenzlau gibts ne Jahreszeit,
die JWD kaum einer kennt.
Jetzt ist es wieder mal so weit,
zum Karneval wohl alles rennt.

    Nur dem eisern Stubenhocker,
    ist ganz egal, der Karneval.
    Geld sitzt denen auch nicht locker:
    zu teuer alles, allemal!

Im Karneval: ist`s ja egal.
Die Kanne voll: ja, das ist toll.

    Die brauchen keinen Elferrat,
    auch nicht Prinzessin oder Prinz;
    Bei denen sich wohl keiner paart.
    Sie dopen sich mit Pfefferminz.
    Kennen keine Tanz Mariechen,
    auch keinen „Allolol" Gesang.
    Grad noch sie auf Muttern kriechen:
    doch vor der Höhe wird ihn` bang.

    Auch beim Schunkeln sind sie Nieten,
    sie das Tanzen sich verbieten.

Im Karneval: ist`s ja egal.
Die Kanne voll: ja, das ist toll.

Sogar das Saufen klappt nicht gut,
nicht mal ein Rest, in keinem Glas.
Die tragen immer Straßen Hut;
Die haben nie, an gar nichts Spaß.

Im Karneval: ist`s ja egal.
Die Kanne voll: ja, das ist toll.

In Prenzlau gibts ne Jahreszeit,
die JWD kaum einer kennt.
Jetzt ist es wieder mal so weit
zum Karneval wohl alles rennt.

Im Karneval: ist`s ja egal.
Die Kanne voll: ja, das ist toll.

1960

Auf der Straße sich zwei Hunde
trafen - streunten ihre Runde.

> Groß der eine, von edlem Geblüt.
> Klein der andre, verwahrlost aussieht.

Doch nörgelt der den Großen an:

> „So schau du bloß nicht arrogant.
> Aus DDR ich fortgerannt.
> Dort auch ich war groß und edel:
> war Schlossbesitzers Jagdhundmann".

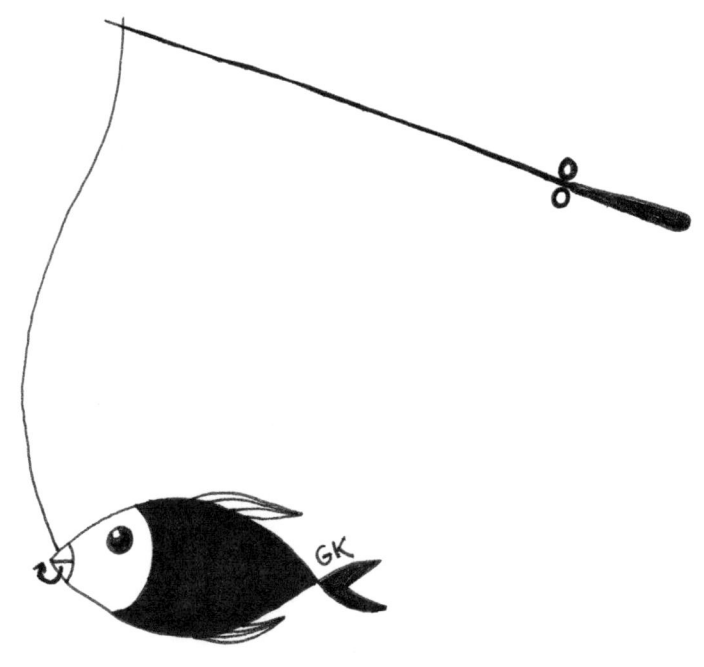

SEITE	TITEL	erzählt von:
34	Lehrstellen	Azubi Vergnügen

Lehrstellen

In der Zeitung ich die Nachricht las,
Azubis sich heut so verhalten:
sie in dieser Lehrstell` keinen Spaß:
sofort sie auf `ne andre schalten.

Das können die getrost riskieren,
denn Lehrstellen kriegen die genug.
In der Zweiten die könn` probieren,
ob der Arbeitssinn kommt hier zum Zug

So fragte ich eine Bekannte,
die beim Frauenarzt Azubi war:
„bei ihr OK beruflich Sachen"?

„Nein, nein". Weil eines sie verbannte,
„so musste immer sie, Jahr für Jahr,
Abstriche viel zu viele machen".

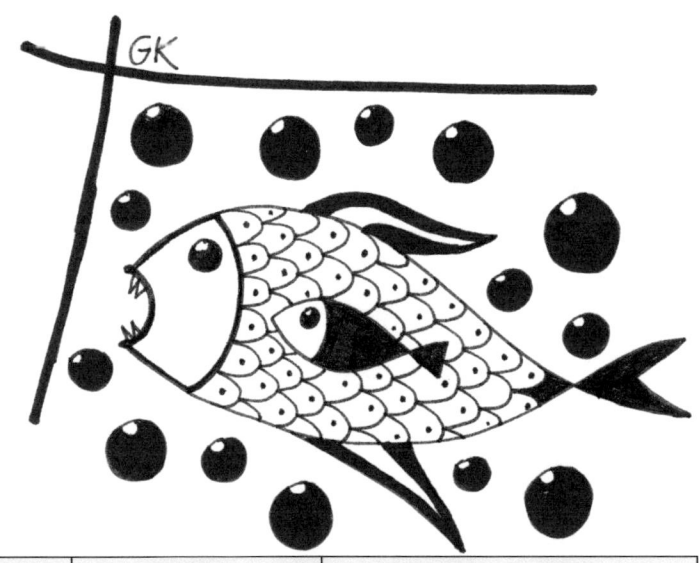

SEITE	TITEL	erzählt von:
36	Männerschlange	alten StGB.- Paragraphen

Männerschlange

Es standen in `ner langen Schlange,
200 Männer, dicht an dicht.
Ein Einz`ger hatte große Bange,
nur wer das war, errätst Du nicht.

    Alten § musst Du kennen,
    um uns den 174zigsten zu nennen.

Es standen in `ner langen Schlange,
200 Männer, dicht an dicht.
Ein Einz`ger hatte keine Bange,
nur wer das war, errätst Du nicht.

    Alten § musst Du kennen,
    um uns den 175`ìger zu nennen.

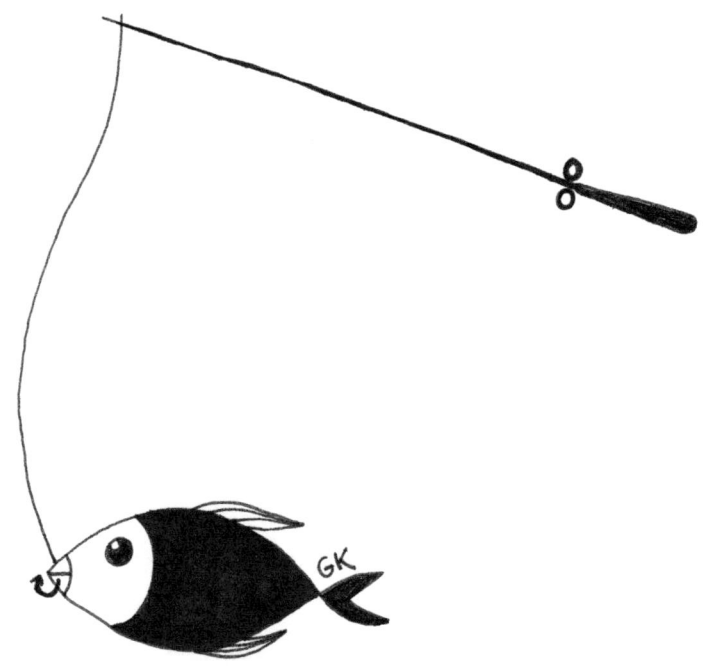

SEITE	TITEL	erzählt von:
38+39	Piloten Sprache	vielen Fachausdrücken
40	Verbot	Cola und Bier

Pilotensprache

Das Ziel im Voucher, fest im Blick:
nach DIESEM Aus-Flug willst zurück.

Jetzt brauchste nur noch nen Piloten:
Dein größter Wunsch: nur kein Chaoten!

KLEINGÄRTNER sollt er auch nicht sein
und PAXE lässt er raus, auch rein.

Nicht den, von gestern auf der Feier,
obwohl ers konnte wie ein Reiher.

Nein, wie ein Kranich sollt ers können.
Sein GEB ISCH DISCH BUSCHBACK nicht verpennen.

Das Telefonbuch nicht studiert;
im ATPL sich nicht blamiert;
sich COMPANY PROCEDURES vertraut gemacht;
nicht an Raten er, beim RATING hat gedacht.

Sein Wissen: dass viele NEWTONS kommen raus,
ihn hindert: bei 12 TON MUSI steig ich aus.

Bei: LET A LITTER LAST A LITTLE LONGER,
an KEROSIN er denkt: nicht Schnaps, noch STRONGER!
Und wenn er sieht schon die KARKASSE,
sein Denken diesmal: nicht bar Kasse.

Es muss ihm aufgehn schnell ein Licht,
wenn die GROUND POWER UNIT löst sich nicht.
Bei DRUCK, er an den AUSGLEICH denkt,
damit kein PAX beim Fehlen sich verrenkt.

Im MCP die vielen Tasten,
lassen ruhn ihn, doch nicht rasten.
Er weiß, wenn PEILUNG ENDLICH STEHT,
nicht schaun, was in der Hose vor sich geht.
Wenn
GÜRTEL/ HOSENTRÄGER an Bord ist ON,
heißt dies: MISCELLANEOUS SYSTEMS
im Jargon.
Und bei ABNORMALS, weiß er gleich:
sprich mit dem Chef im Himmelreich.
THERE MAY BE SO LITTLE WAYS, TO LEAVE THE PLANE,
nur soll er nicht vor CREW und PAXE gehen.
Ob die Kabine hetero, ob schwul,
Hauptsach er
und Getränke bleiben cool.
Ob er gewieft in kurz, in long;
ob ihm bewusst dies PARADOXON:
Hauptsach doch: ihm ist bekannt,
welche Sprach man pflegt
in diesem Land.
Wenn jetzt die ATIS spielt noch mit,
kann er vollenden diesen Trip.
Nur bloß nicht hier noch zum DIVERTEN,
bei allem Wissen, um das Verwerten:
LIFE IS STRANGER THAN FICTION.
Am PLANNING Airport ist er schon.
Nun ists egal, wen ins Zimmer er nimmt rin:
frag schon am Gate: „Fliegt eine PILO- tin"?

Verbot

Im Krankenhaus ein Schild sagt dir:

„Du Patient mit Herzkatheder –
trink du kein Cola - auch kein Bier:
dann bist du frei vom „kolabier"

Schattenbruder I

Mein andres ich, mein Schattenbruder,
hat mich betrogen, dieses Luder.

> Fremd er ging mit ner Bekannten,
> die wir beide „Schatzi" nannten.

Während selig ich noch schlief,
Schattengleich er zu ihr lief.

> „Woher ich denn das wüsste",
> fragst du mich, mein Bester?
> Bei mir lag die Schattenschwester,
> tobte aus sich, die Gelüste".

Schiffsfahrten

Warum der See mit Wasser ist gefüllt?
Warum das Wasser fließt in jedem Fluss?
Warum schwappt Wasser auch in jedem Meer?
Warum randvoll damit der Ozean?

Gut stehen diese Fragen an -
nur kluge Fragen zeigen halt was her:
Dir Antworten bringen fast nie Verdruss:

Begründung auf alle diese Fragen:
würde hier ein Schiff die Durchfahrt wagen,
und hätt dabei kein Wasser unterm Kiel:
würd dich Staub einhüllen und davon viel.

Schmucklos

Warum sprichst du nicht das wahre Wort?
Warum dein Gesicht so ausdruckslos?
Warum mit <u>der</u> Aura bist behängt?
Warum stehst ewig du im Schatten?

Was soll verdecken deine Mine?
Was solln verbergen deine Lügen?
Was deine Hände solln nicht deuten?
Was soll dein Wort vor uns verbergen?
Was soll nicht zeigen, dein Verhalten?
Was soll dein Schleier nicht verkünden?

Immer schiebst was Anderes du vor.

Zeig dich doch einfach, so wie du bist:
Nacktheit ist der Wahrheit bester Schmuck.

Schweigen

Befriedigt bist bei jedem Erfolg,
und kannst getrost darüber reden.

> Befriedigt bist, wenn man Lob Dir zollt,
> Du kannst den Stolz darüber zeigen.

Befriedigt bist, wenn Mensch dich liebt,
voller Stolz, zeigst du den her.

> Befriedigt du bist bei jedem Gewinn,
> lässt alle Medien drob berichten.

Nur wenn der Sex dich voll befriedigt,
gebietet das dir tiefstes Schweigen.

Stuhlgang

Sich zwei Popo- Hälften kannten,
schon seit vielen langen Jahren.
Weit sie überall hin rannten,
bis Liebe tat sich offenbaren.

>Die Eine endlich sprach voll Mut,
>aus ihrer trauten Zweisamkeit:
>„nach ihrer Meinung sei es gut,
>wenn sie zur Heirat wärn bereit".

Die zweite Popo- Hälfte, voll
Freude diesen Antrag hörte,
auch sie fänd Heirat wirklich toll,
sie nur Eines dabei störte:

>„Bisher sie schon mit großem Fleiß,
>sich trennten, wegen jedem Scheiß".

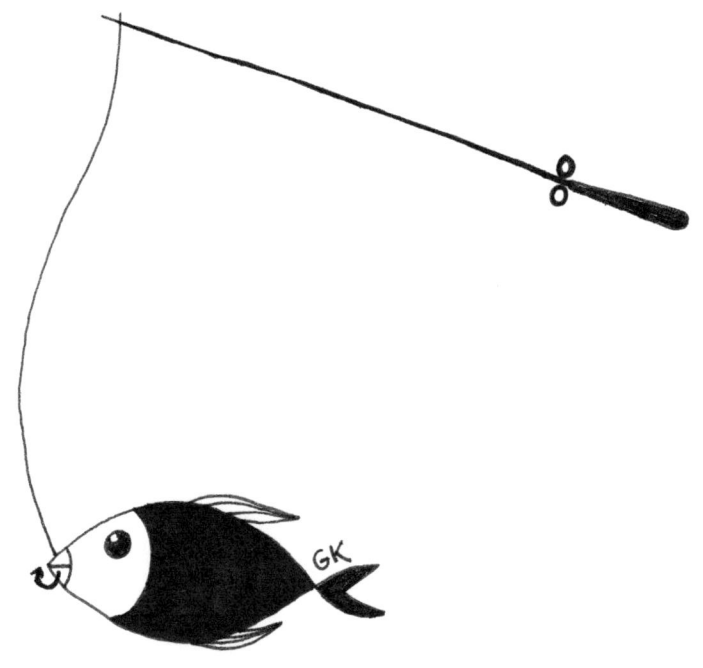

Überraschung

Gemeinsam gingen sie ins Zimmer
    Er macht das Licht an
    mittels Dimmer
Sie zieht aus – sich
    Er auch
    sich aus dem Zimmer
    für immer

Ulli

Es wanderten 5 Frauen
hoch hinauf in Bergeshöh:
„Lasst einfach uns mal schauen,
nach nem traumgelegnen See".

      An ihrer Seite stapften
      deren Ehemänner mit.
      Lustlos.
      Doch weil sie durften zapfen
      ab und an am Fässchen Bier,
      blieben sie im Frauentritt.

Am erreichten Bergessee,
es lauwarm war, trotz der Höh.
Sie aßen tüchtig, tranken viel;
hatte alles seinen Stil.

      Männer saßen auf dem Steg,
      die Ehefrauen tratschen -
      fragt eine in die Runde:
      „was wäre, wenn die springen
      in den eiskalten Weiher"?

Eine fand den Lösungsweg:
„10 abgeschreckte Eier".

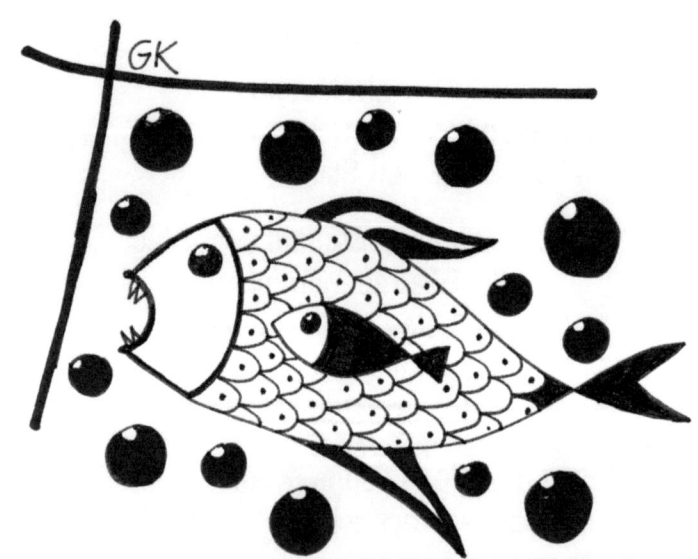

SEITE	TITEL	erzählt von:
51	Verkehrt	falschen Begriffen

Verkehrt

Auch in allen schwierigst Fragen,
Welt sich einig. Die uns sagen:
die Sonne blökt,
die Kuh die scheint.

Alle Kriege abgeschafft,
Politik sich aufgerafft,
dem Wahlvolk ehrlich dienen.
Die Sonne blökt,
die Kuh die scheint.

Banken: Versprechen halten -
Geld: ehrlich sie verwalten.
NUR langfristig sie geplant.
Die Sonne blökt,
die Kuh die scheint.

Die Behörden: Kundennah.
Konzerne: Kunden ehren.
Die Sonne blökt,
die Kuh die scheint.

Weil ja dem so gar nicht ist,
man erzählt uns immer Mist,
lasst es lieber wie es ist:
Die Sonne scheint,
die Kuh die blökt.

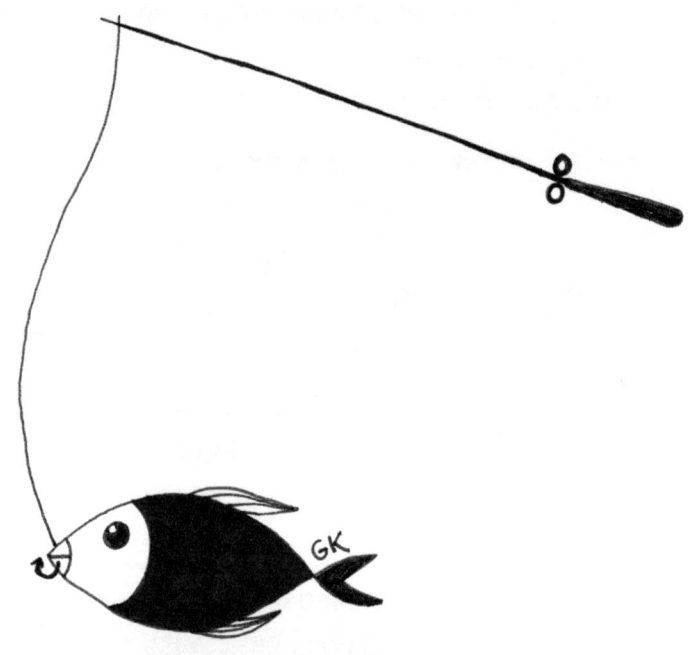

Weichenstellung

Beim Sport das Handling wird erfragt:

      „Rechtshänder" sich mögen melden".
      Großgruppe sich offenbart.

      „Linkshänder" solln nun sich melden".
      Kleinstgruppe sich offenbart.

Klassenclown: keine Hand der zeigt.
Danach befragt: „er sei soweit,
hätt eine Freundin, lange schon".

Wunsch

Zu einer Fee ein Mann der sprach:
„Mein Glied das ist mir viel zu klein,
so wie vom Pferd, so müsst es sein".

    Die Fee, sie sprach: „Gemach, gemach
    dein Wunsch soll in Erfüllung gehn:
    dein Glied wird bis zur Erde gehn".

Berührt mit Zauberstab ihn fein –
und plötzlich hat er keine Bein.

Warnung

Verkehre du nicht zwischen Fronten.
Du sitze niemals zwischen Stühlen,
ganz egal ob Mann du, oder Frau.

Nicht weil du könntest dich verkühlen -
weil Zugluft würd sich hier einfinden:
dein Geschlechtsteil würd vor Kälte blau.

Verkehr der braucht Feucht-Warm Befinden.

VITA

Theodor Peter Kohpeiss	Zeiten Wechsel	Stationen
	1939 – 1973	Hamburg, Köln, München *Beamter, Zeitsoldat* *Verkaufsleite,* *Heirat, 2 Kinder,* *Scheidung*
	1974 – 1981	Frankfurt/Main *Heirat* *Fotomodell, Dressman* *Event-Moderator* *Schauspieler* *WeltReisender*
	1981 – 1994	Frankfurt/Main *Unternehmer* 1990: Geburt Paul Justus
	1995 – 2007	Uckermark Prenzlau *Unternehmer*
	seit 2008	*Krebs, Privatier* *Moderator, Laudator* *RedenSchreiber* *SongWriter* *Lyrischer Buchautor* *Autor- Lesungen* In Vorbereitung: *-Theos Narben* *-des MenschenLeben* *-StubenFliegenTräume* *-Charisma*

Prostitution

Um Gerüchten vorzubeugen,
dass er hätte keine Freuden
mehr am Sex - dem wunderschönen
und auch meist sehr angenehmen,
ging er los ne Frau aufreißen -
ganz egal wie die würd heißen.

Haben musste sie nur Brüste.
Er würd schon sorgen für Gelüste.
-Wollen- braucht sie auch nicht zeigen,
kann er sowieso nicht leiden.
-Bereitschaft- wär ihm auch egal:
begrenzt war also die Auswahl.

Folglich fand er dann auch keine,
die ihm öffnet Hemd und Beine.

Bis ihm kann Erkenntnisknuff -
er zog aus Versagerkutte:
-ideal wär eine Nutte.
-trat als und mitGlied innen Puff.

VITA

Gabriele Anita Kohpeiß	Zeiten Wechsel	Stationen:
..in den Amtsräumen des 1. Beigeordneten der Stadt Prenzlau bei ihrer Bildübergabe 2010	1949> 1959 1959> 1995 1987> 1989 1995> jetzt 2002 2006 2007 2008 2009 2010-2013	Erfurt, Berlin-Müggelsee Frankfurt/M., Braunfels Lufthansa Graph.Techn.Zeichnerin Heirat, ein Sohn Sammelausstellungen: Oberursel, Braunfels, Frankfurt/M.- Flughafen, Helsinki, 4.Platz Hilton-Wettbewerb: Uckermark: Freischaffende Malerin Eröffnung: „Kunsthof Prenzlau" Galerie + Atelier Auftragsarbeiten Einzelausstellung: Plön Neubrandenburg Prenzlau GroßProjekt: „Prenzlau malt": 1700 kleine Bilder Dauerausstellung: JACOBI Kirche Groß Projekt: Bahnunterführung: VIDEO: -tval- vom 24.09.2010 VIDEO: -TVUM v. 23.07.2011

im gleichen Verlag erschienen:

2011-   ISBN 978 383 918 0 396

Theodor Peter Kohpeiss

„Ferkeliges, Lustiges, Trauriges, Wahrhaftiges: Gedichte

ZeitenWechsel

PLATZ 2 Verlags- Best- Seller- Liste

2012-   ISBN 978 383 707 618 9

Theodor Peter Kohpeiss

StubenFliegenTräume

gereimte Unwahrheiten

Danke
Gabriele Anita Kohpeiss
Theodor Peter Kohpeiss